러시아語 펜맨십 講座

외국어학보급회 편저

■ Содержание (목차)

■1. Введение (오리엔테이션)

■2. Часть 1 (기본연습-1)

■3. Часть 2 (기본연습-2)

■4. Часть 3 (기본연습-3)

■5. Часть 4 (종합연습)

1

Введение
(오리엔테이션)

1. 러시아 알파벳 (Азбука)
2. 주의해야할 자모들

Здравствуйте!
이 과에서는
처음 러시아 어를 시작하는
'생초보자'분들을 위해
러시아 어 자모의 생김새와
쓰는 방법,
그리고 쓸 때 주의해야할 자모들을
공부해보기로 하겠습니다.
자 시작해 볼까요?

*Чтобы знать, надо учиться
(알기 위해서는 배워야 한다.)

러시아 어 알파벳 【АЗБУКА】

이탤릭체	필기체	명칭	발음
A a	*Aa Aa Aa*	(아)	[a]
Б б	*Бб Бб Бб*	(베)	[b]
В в	*Вв Вв Вв*	(붸)	[v]
Г г	*Гг Гг Гг*	(게)	[g]
Д д	*Дд Дд Дд*	(데)	[d]
Е е	*Ее Ее Ее*	(예)	[e]
Ё ё	*Ёё Ёё Ёё*	(요)	[jo]
Ж ж	*Жж Жж Жж*	(줴)	[ʒ]
З з	*Зз Зз Зз*	(제)	[z]
И и	*Ии Ии Ии*	(이)	[i]
Й й	*Йй Йй Йй*	(이 끄라뜨꼬예)	[j]
К к	*Кк Кк Кк*	(까)	[k]
Л л	*Лл Лл Лл*	(엘)	[l]

러시아 어 펜맨십 강좌

М	м		(엠)	[m]
Н	н		(엔)	[n]
О	о		(오)	[o]
П	п		(뻬)	[p]
Р	р		(에르)	[r]
С	с		(에스)	[s]
Т	т		(떼)	[t]
У	у		(우)	[u]
Ф	ф		(에프)	[f]
Х	х		(하)	[kh]
Ц	ц		(쩨)	[ts]
Ч	ч		(체)	[ch]
Ш	ш		(샤)	[sh]
Щ	щ		(쉬차)	[shch]

Ъ ъ	ъ ъ ъ	(뜨뵤르드이즈낙)	발음안함 분철기호임
Ы ы	ы ы ы	(으이)	[의] '으'와 '이'의 중간발음
Ь ь	ь ь ь	(먀흐끼 즈낙)	й보다 더 짧은 '이' 발음
Э э	Э э Э э Э э	(에)	[에]
Ю ю	Ю ю Ю ю Ю ю	(유)	[유]
Я я	Я я Я я Я я	(야)	[야]

주의해야할 자모들

※ 다음의 문자들는 2개의 필기체 형태를 갖는다

① Д	g g	∂ ∂
② З	ȝ ȝ	3 3
③ Т	m m	T T

※ 'Ш'나 'ш'의 필기체는 영어의 'W'의 필기체 '𝒲'처럼 쓰지 않는다.
※ т와 ш의 경우, 각각 상단과 하단에 선을 표시해주기도 한다.
이는 빠른 필기체인 경우 혼동을 피하기 위해서이다.
연습) 밑줄친 부분의 필기체에 유의하시오.
Здесь работает Миша. (미샤는 이곳에서 일한다.)

Здесь работает Миша.

там (저곳)

Китай (중국)

студент (학생)

Напишите! (적으시오!)

шахматы (서양장기)

шум (소음)

※ Л, М, Я 의 경우, 필기체 형태에서 앞부분의 고리모양을 살려주는 것이 포인트이다. (л의 필기체는 영어의 소문자 필기체 *l*처럼 꼬리를 말지 않는다)

волна (파도)

Владимир (블라지미르 (남자이름))

лад (조화(調和))

склад (성격, 성품)

склад

Время (시간)

Время

мать (어머니)

мать

мама (어머니(=мать))

мама

месяц (달)

месяц

мороз (추위)

мороз

Россия (러시아)

Россия

язык (혀, 말)

язык

янтарь (호박(琥珀))

янтарь

러시아 어 펜맨십 강좌

заявление (성명, 성명서)

заявление

※다음의 자모들은 쓰는 순서를 잘 익혀두는 것이 중요하다.

Ж

Ф

Ц

Ю

Щ

※**Ц, Щ** 의 경우 꼬리 부분은 분명하게 쓰되 크게 쓰지 않도록 주의한다.

центр (중심, 본부)

центр

цена (가격)

цена

ценность (가치)

ценность

цепь (사슬)

цепь

цветок (꽃)

цветок

Щедрин (쉐드린(러시아 소설작가))

Щедрин

площадь (광장)

площадь

товарищ (동지)

товарищ

русские женщины (러시아 여인들)

русские женщины

※ Г와 Ч의 필기체 형태를 혼동해서는 안된다. Г와는 달리 Ч는 상단중간부분을 보다 각이 지게 표시한다.

город (도시)

город

гроза (뇌우)

гроза

градус （온도의）度

Я очень голоден как волк. (나는 몹시 허기져 있다)

чай （차(茶)）

через （~을 통과하여）

чрезвычайный （특별한）

случай （경우）

Чайковский （차이꼬프스끼(러시아 음악가)）

Читатель читает книгу. (독자는 책을 읽는다)

※ Ъ, Ь, Ы 의 필기체는 대문자의 절반정도의 크기로 쓴다.

январь （1월）

царь （황제）

съезд (집회)

съезд

объявление (공고, 선언)

объявление

любовь (사랑)

любовь

жизнь (삶, 생명)

жизнь

судьба (운명)

судьба

призыв (호소)

призыв

выполнить (완수하다, 이행하다)

выполнить

корабль (선박)

корабль

государь (군주)

государь

Тетрадь (공책, 수첩)

Тетрадь

※ л, п는 필기체 소문자 형태에서 혼동할 가능성이 있으므로 주의한다.

лампа (램프)

площадь (광장)

липа (보리수)

пыль (먼지)

плечо (어깨)

глупый (바보같은)

полезный (유용한)

польза (유익, 이로움)

полоса (지대)

A a

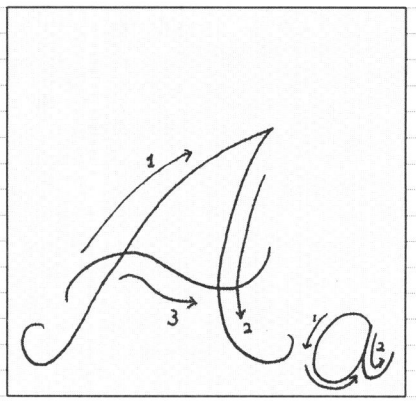

Б б

B B

러시아 어 펜맨십 강좌

Г г

Д д

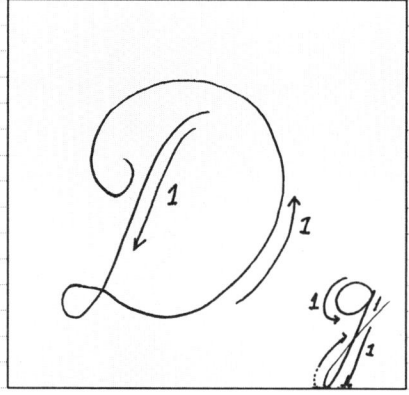

러시아 어 펜맨십 강좌

E e

Ë ë

러시아어 펜맨십 강좌

Ж ж

19

| 3 | 3 |

러시아 어 펜맨십 강좌

Й й

и И

러시아 어 펜맨십 강좌

К к

Л л

24

러시아 어 펜맨십 강좌

M м

H H

러시아 어 펜맨십 강좌

O o

П п

러시아 어 펜맨십 강좌

P p

C c

러시아 어 펜맨십 강좌

Т т

y y

러시아 어 펜맨십 강좌

Ф ф

X x

러시아어 펜맨십 강좌

Ц ц

च च

Ш ш

Щ щ

러시아 어 펜맨십 강좌

| Ъ | ъ | Ы | ы | Ь | ь |

Э э

러시아 어 펜맨십 강좌

Ю ю

Я я

러시아 어 펜맨십 강좌

!!!기본 문법 사항, 이 정도는 알아둡시다

☞러시아 어의 발음
러시아 어는 영어처럼 발음기호가 별도로 필요치 않다. 쓰여진대로 읽으면 된다. 그러나 강세에 상당한 주의를 기울이지 않으면 안된다. 강세를 받는 모음은 그렇지 않은 모음에 비해 길고, 강하게 읽혀지며 강세를 받는 모음은 분명히 제 음가대로 발음되지만, 그렇지 않은 모음(약음절의 모음)은 약화되거나 질적인 변화를 겪게 된다. 다음 사항만은 기본적으로 기억해 두자
①강음절의 а, е, и, о, э, ы, я는 제음가대로 분명하게 발음된다.
(ё는 항상 강세를 받는다; и, у, ы, ю는 강음절이나 약음절 모두 질적인 상태에 별차이가 없다)
②약음절의 а, е, о, э, я는 각각 а-ə, е-i, о-а or ə, э-i, я-i로 질적변화된다. (예: кни́га : [끄니거], чита́ете : [치따이찌] окно́ : [아끄노] о́лово : [올러버], экра́н : [이끄란], язы́к : [이직]
그러나 비강세 음절에서 [어 ə]의 음가를 갖는 а, о의 경우, 또 비강세 음절에서 [이 i]의 음가를 갖는 е에 한해서는 원음가 [아] [오], [예]로 발음해줘도 의사소통에 문제는 없다. 이 경우에는 너무 이 원칙에 강박관념을 갖을 필요는 없다는 뜻이다.
③러시아 동사 부정법 어미(-ть)의 발음은 완전 '찌'로 발음되어지지 않는다. 실제로 러시아 인에게는 들릴 듯 말듯한 '쯔'로 발음된다. 따라서 짧은 '쯔'나 '-ㅅ' 등으로 발음하는 것이 나을 것이다. (예: говори́ть [가바릿쯔] 또는 [가바릿].

☞ 러시아 어의 명사, 형용사, 대명사는 성, 수, 격에 따라 변화한다. 학생들이 러시아 어가 어렵다고 하는 이유는 러시아 어의 명사, 형용사, 대명사가 성, 수, 격에 따라 변화하기 때문이다. 따라서 러시아 어를 정복하기 위해서는 성, 수, 격에 따른 변화형을 빨리 숙달하는 것이 관건이 되는 것이다. 다음 사항만은 기본적으로 알아 두자.
①성에는 남성, 여성, 중성이 있다. 일부 명사는 자연성을 따르고, 또 일부 명사는 문법성을 따른다(예: 아들(сын)-남성, 딸(дочь)-여성, but 아이(дитя́)-중성)
②수에는 단수, 복수, 쌍수가 있으나 기초 단계에서는 단, 복수만 알아도 무방하다.
③남성명사: 어미가 자음(-й포함, 이는 모음이 아니라 반자음임), -ь로 끝나는 것.
④여성명사: 어미가 -а, -я, -ь로 끝나는 것.
⑤중성명사: 어미가 -о, -е, -мя로 끝나는 것.
⑥형용사는 수식하는 명사의 성, 수, 격에 따라 변하므로 그 어미를 확실히 외워두어야 사용할 수 있다.
⑦형용사의 종류는 주격남성단수어미에 따라 분류되며, 이에는 크게 -ый, -ий, -ой 세 종류가 있다.
⑧형용사는 장어미(주로 명사수식에 사용) 뿐 아니라 단어미(서술적 용법으로 사용)형태도 가지고 있다.
⑨대명사 역시 명사, 형용사와 비슷하게 변화한다.

☞러시아 어 동사들은 여러 가지 종류로 구분지어지지만, 우선적으로는 완료상 동사와 불완료상 동사로 구분된다. 대부분 한 개의 동사는 완료상/불완료상의 짝을 갖고 있다. 다시말해 불완료상 동사(완료상 동사)는 완료상 동사(불완료상 동사)를 대립쌍으로 가지고 있다. 완료상 동사는 행위, 동작의 완료를 의미하는데 반해, 불완료상 동사는 행위의 진행, 동작의 미완료상태를 나타낸다. 따라서 불완료상 동사의 현재형 변화는 현재 일어나고 있는 현재시제인데 반해, 완료상 동사의 현재형 변화는 현재가 아니라 미래의 행위의 완료를 의미하며, 따라서 미래시제에 속한다. 이에 러시아 어 동사들은 두가지의 미래시제를 갖는다. ①동사 быть의 미래형인 бу́ду...+ 불완료상 동사 ②완료상 동사의 현재 변화(그 자체로 미래시제를 의미) (дет...

43

☞ ходи́ть와 идти́는 모두 '가다(도보로)'라는 의미지만, 후자는 일정한 방향으로 향하고 있는 반면, 전자는 일정치 않은 방향으로 이동하고 있음을 의미한다. 따라서 전자는 왕래하다, 왔다갔다하다라는 뜻이 더 강하다. е́здить-е́хать, бе́гать-бежа́ть, лета́ть-лете́ть, пла́вать-плыть, 그리고 여기서는 생략했으나 носи́ть-нести́(손, 등으로 운반하다, 지니다), вози́ть-везти́(차마 등 교통수단을 통해 운반하다), води́ть-вести́(사람이나 동물 등 활동체를 데리고 가다, 인도하다) 등의 동사들도 마찬가지이다. 각 동사쌍에서 전자는 일정치 않은 방향을, 후자는 일정한 방향으로 이동함을 의미한다. 이러한 동사들을 러시아 어에서는 운동동사라고 부른다.

§ 러시아 인의 애창시

Я вас люби́л

Я вас люби́л : любо́вь ещё, быть мо́жет,
В душе́ мое́й уга́сла не совсе́м ;
Но пусть она́ вас бо́льше не трево́жит ;
Я не хочу́ печа́лить вас ниче́м.

Я вас люби́л безмо́лвно, безнадёжно,
То ро́бостью, то ре́вностью томи́м ;
Я вас люби́л так и́скренно, так не́жно,
Как дай Бог люби́мой быть други́м.

А. С. Пу́шкин.

◆ 나는 당신을 사랑했습니다.
나의 영혼속에서 사랑은 아직도 아주
꺼지지는 않았나봅니다
그러나 나의 사랑이
당신을 더 이상 괴롭히는 것은 싫습니다
그 무엇으로도 당신을 슬프게하고
싶지는 않습니다

나는 조용히, 아무 희망없이
당신을 사랑했습니다
소심함과 시샘으로 고통받으면서.
나는 당신을 진실하고 섬세하게
사랑했습니다.
신이 당신을 사랑스런 존재로 만든 것처럼
그렇게....

2

Часть 1
(기본연습-1)

1. 자모연습
2. 단문연습-1

Как дела ?
이제 러시아 어 자모에 관한
기본지식은 어느정도 익히셨지요?
그럼 실제적인 연습을 시작해보시죠.
이 과에서는 기본적인 쓰기를
자모, 단문별로
나누어 숙달 합니다.
자모쓰기의 숙달과 문장에서
각 자모들이 어떻게 연결되는가를
살펴보세요.

*У каждого слва своё значение.
 (모든 말에는 자체의 의미가 있다.)

※ 자모연습

А а   А а

А н н а	안나(여자이름)
А н т о н	안똔(남자이름)
а з б у к а	알파벳

А́нна   Антóн   а́збука

Б б   Б б

Б о р и с	보리스(남자이름)
б а б у ш к а	할머니
б а н к	은행

Бори́с   ба́бушка   банк

В в   В в

В о л о д я	볼로쟈(남자이름)
в е т е р	바람
в и ш н я	벗꽃

Воло́дя   ве́тер   ви́шня

Г г   Г г

Г е о р г и й	게오르기(남자이름)
г л а з	눈
г о р о д	도시

Гео́ргий   глаз   го́род

Д д   Д д

Д м и т р и й	드미뜨리
д о р о г а	길
д о к т о р	박사

Дми́трий   доро́га   до́ктор

Е е Е е
　　　　　　　　　　　Егор 예고르(남자이름)
　　　　　　　　　　　ель 전나무

Егор ель её
　　　　　　　　　　　её 그녀의

Ё ё Ё ё
　　　　　　　　　　　ёлка 크리스마스 트리
　　　　　　　　　　　ёмкость 용량

ёлка ёмкость
　　　　　　　　　　　яблоко 사과

Ж ж Ж ж
　　　　　　　　　　　Жорж 죠르쥬(프랑스 남자이름)
　　　　　　　　　　　жюри 배심원

Жорж жюри журнал
　　　　　　　　　　　журнал 잡지

З з З з
　　　　　　　　　　　Зина 지나(여자이름)
　　　　　　　　　　　заяц 토끼
　　　　　　　　　　　завтра 내일

Зина заяц завтра

И и И и
　　　　　　　　　　　Игорь 이고리(남자이름)
　　　　　　　　　　　ива 버들
　　　　　　　　　　　из ～로부터

Игорь ива из

47

Й й Й й   йот й의 명칭
　　　　　　　　　йог 요가수련자

йот   йог

К к К к   Катя 까쨔(여자이름 Катюша의 애칭)
　　　　　　　　　калина 까마귀밥나무
　　　　　　　　　книга 책

Катя   калина   книга

Л л Л л   Левин 레빈(남자이름)
　　　　　　　　　лёд 얼음
　　　　　　　　　легко 가볍게

Левин   лёд   легко

М м М м   Маша 마샤(Марья의 애칭)
　　　　　　　　　мир 평화
　　　　　　　　　меч 칼, 검

Маша   мир   меч

Н н Н н   Наташа 나따샤(여자이름)
　　　　　　　　　няня 유모
　　　　　　　　　натура 본질

Наташа наша натура

Оо Оо

облако 구름
озеро 호수
оно 그것(он의 중성형)

облако озеро оно

Пп Пп

Петрович 뻬뜨로비치(남자이름)
пора 때, 시기
порядок 질서

Петрович пора порядок

Рр Рр

раз 회, 번
радость 기쁨
развитие 발전

раз радость развитие

Сс Сс

Сергей 세르게이(남자이름)
свет 빛, 세계
свинья 돼지

Сергей свет свинья

Тт Тт

товарищ 동지
тогда 그때
тоже 또한

товарищ   тогда   тоже

Уу Уу

угол 모서리, 모퉁이
уголь 석탄
утро 아침

угол   уголь   утро

Фф Фф

фамилия 姓
фантастика 환상적인 것(소설,이야기,사건)

фамилия   фантастика

Хх Хх

хорошо 좋다
хор 합창, 합창단
холодно 춥다

хорошо   хор   холодно

Цц Цц

цвет 색깔
царь 황제
царство 왕국

цвет   царь   царств

Ч ч *Чч* час 시간, ~시
чай 茶
чашка 찻잔

час   чай   чашка

Ш ш *Шш* шар 구
шарф 목도리
школа 학교

шар   шарф   школа

Щ щ *Щщ* щи 양배추 수프
щётка 브러쉬
щит 방패, 판

щи   щётка   щит

ъ ы ь   ъ ы ь

Э э *Ээ* экзамен 시험
экипаж 승무원(집합명사)
экономика 경제(학)

экзамен   экипаж   экономика

51

Юю Юю

Югославия 유고슬라비아
южный 남쪽의
юбка 스커트

Югославия южный юбка

Яя Яя

я 나
язык 말

я южный язык

※ 단문연습

[쁘라스찌쩨] 실례합니다
Простите...

[이즈비니쩨] 죄송합니다
Извините...

[붓쩨 다브릐] 안녕히 계십시오
Будьте добры...

[붓쩨 류베즈늬] 안녕히 계십시오
Будьте любезны...

[스까쥐쩨 빠좔스따] ('빠좔루이스따'라고 발음하지 않도록 주의)
Скажите, пожалуйста
말해주십시오

[즈드라스부이쩨] ('즈드라프스뜨부이쩨'라고 발음하지 않도록 주의)
Здравствуйте!
안녕하십니까?

☞ 두 표현 공히 '죄송합니다, 실례합니다만, 용서해주세요'의 표현이나, 전자는 큰 잘못에 대한 용서를 비는 것이고(예를 들어 신에게 용서를 빌 때) 후자는 보다 작은 잘못에 대한 용서를 비는 것이다(예를 들어 남의 발을 밟았을때)

[다바이쩨 빠이좀] 갑시다
Давайте пойдём.

[수다볼스뜨비엠](전치사는 단어와 붙여 읽는 습관을 기른다)
С удовольствием.
기꺼이

[스라도스찌유]('-스찌유'와 '스쮸'의 중간정도로 연음부호를 발음)
С радостью
기꺼이

[야 니 쁘로취] 괜찮다(싫지는 않다)
Я не прочь!

[야 니깍 니 마구] 절대로 할 수 없어
Я никак не могу

[니 프꼬엠 슬루차예] 결코
Ни в коем случае!

[리쉬쩰노 앗까즤바유스] 단호히 거절합니다
Решительно отказываюсь!

[우 미냐 프쇼 프 빠럇께] 저는 만사형통합니다.

У меня всё в порядке

[다바이쩨 빠즈나꼬밈샤] 서로 알고 지냅시다

Давайте познакомимся
(자신을 상대방에게 소개하기 전에 사용하는 말)

[부젬 즈나꼼믜] 서로 알고 지냅시다

Будем знакомы

[다바이쩨 즈나꼬밈샤] 서로 알고 지냅시다

Давайте знакомиться

[까그바즈자부뜨](뒤에 오는 낱말의 첫 자음이 유성(무성)이면 선행 단어의 끝자모도 유성(무성)동화되어 발음된다) 성함(이름)이 어떻게 되시죠?

Как вас зовут?

[까그바샤파밀리야] 당신의 姓은 무엇입니까?

Как ваша фамилия?

[까그바쉐이먀] 이름이 어떻게 됩니까?

Как ваше имя?

[올렌까, 즈드라스부이쩨] (Оленька는 Олга의 애칭)

Оленька, здравствуйте!

안녕, 올렌까

[누 까그 질라] 그래, 잘 지내니?

Ну как дела?

[까까야 니아쥐단노슷] 정말 뜻밖이구나! (우연히 만났을 때)

Какая неожиданность!

[까보 야 비주] 이게 누구야! (우연히 만났을 때)

Кого я вижу!

[쁘리야뜨나야 프슷례챠] 만나서 반갑다

Приятная встреча!

[까까야 쁘리야뜨나야 프슷례챠] 만나서 몹시 반갑구나

Какая приятная встреча!

[빠취무 븨 쁘리쉴리] 무슨 용무로 오셨습니까?

Почему вы пришли?

[빠까] 안녕(헤어질 때 인사말)
Пока!

[즈도브림 우뜨롬] 좋은 아침입니다.
С до́брым у́тром!

[도브릐이 베췌르] 안녕하십니까? (저녁인삿말)
До́брый ве́чер!

[쁘리볫] 안녕(만났을 때)
Приве́т!

[도브로즈다로비야] ('-비야'와 '-바'의 중간음으로 발음)
До́брого здоро́вья!
평안하시길!

[하라쇼] = [쁘리끄라스노]
Хорошо́

[쁘리끄라스노] O.K! 또는 I'm fine
Прекра́сно

[야 바즈즈나유] 난 당신을 잘 압니다.

Я вас знаю

[야 바즈그제또 비젤] 언젠가 뵌적이 있는데요

Я вас где́-то ви́дел

[야 아바스슬릐샬] 선생님에 대해 들은적이 있습니다

Я о ва́с слы́шал

[븨 미냐 우즈나요쩨] 저를 혹시 아실텐데요

Вы меня́ узнаёте?

[야 쁘리글라샤유 바스] 당신을 초대합니다

Я приглаша́ю вас …

[야 하츄 쁘리글라싯 바스] 당신을 초대하고 싶습니다.

Я хочу́ пригласи́ть вас

[모쥬노 리 므네 쁘리글라싯 바스] 당신을 초대해도 될까요?

Мо́жно ли мне пригласи́ть вас?…

[프쇼 브 빠럇께] 만사형통합니다.
Всё в порядке

[니취보] 별 말씀을 (어미 -го를 '고'로 발음하지 않도록 주의)
Ничего

[딱 씨볘] 그럭저럭
Так себе

[니 하라쇼, 니 쁠로허] 그럭저럭
Ни хорошо, ни плохо

[도브로예 우뜨로] 좋은 아침입니다.
Доброе утро!

[쉬또 노보보] 뭐 새로운 것이라도 있습니까?
Что нового?
 ('노보고'로 발음하지 않도록 주의)

[쉬또 슬릐슈노] 뭐 달라진 거라도 있습니까?
Что слышно?

[누 봇 이 야] 자, 바로 나라구!
Ну вот и я!

[누 봇 이 띄] 바로 너로구나!
Ну вот и ты!

[즈드라스부이쩨, 쎄르게이 제니소비치]
Здравствуйте, Сергей Денисович!
안녕하십니까, 쎄르게이 제니소비치氏

[도브릐 젠, 다라가야 나따샤] 안녕, 나따샤
Добрый день, дорогая Наташа!

[쁘리벳 비쨔] 안녕, 비쨔.
Привет Витя!

[야 쥐부 하라쇼] 난 괜찮아.
Я живу хорошо

[우 미냐 프쑈 하라쇼] 난 만사형통해.
У меня всё хорошо

[바샤 파밀리야] 당신의 姓은 무엇입니까?

Ваша фамилия?

[바쉐 이먀 이 옷췌스뜨보] 당신의 이름과 부칭은 무엇입니까?

Ваше имя и отчество?

[쁘라스찌쩨, 끄또 븨] 실례지만 어떻게 되시죠?

Простите, кто вы?

[쁘라스찌쩨, 스 껨 야 가바류] 실례지만 어떻게 되십니까?

Простите, с кем я говорю?

[쁘라슈 류빗 이 좔로밧] 좀 봐 주십시오.

Прошу любить и жаловать!

[믜 우줴 즈나꼼믜] 우린 안면이 있군요.

Мы уже знакомы

[믜 우줴 프스뜨레촬리스] 우린 안면이 있군요.

Мы уже встречались

[나아뜨레스앗까즈І바유스] ∴ 단호히 거절하겠습니다.

Наотрéз откáзываюсь!

[녯, 녯 이 이쇼 라스 녯] 아니요(안돼요), 결코 아니요(절대로 안돼요)

Нет, нет и ещё раз нет!

[니 자쉬또] 천만의 말씀입니다!

Ни за что!

[쉬또 띄] 무슨 일이야?(왜 그래?)

Что ты!

[모쥇 븟] ('븟찌'처럼 연음부호를 길게 발음하지 않는다)

Мóжет быть

                                                     아마도

[바즈모쥬노] 가능하다

Возмóжно

[니 모쥇 븟] 당치도 않다

Не мóжет быть!

∴ (끝의 연음부호를 완전 '이'로 발음하지 않도록 주의한다)

3
Часть 2
(기본연습-2)

1. 주제별 단어 연습
2. 단어형태 변화연습

쓰기가 어느정도 숙달되셨지요?
여기에서는
주제별 단어 연습을 통해
어휘실력을 키우고
명사와 형용사, 대명사, 동사의
성, 수, 격, 인칭 변화 등 문법실력을
습득하게 됩니다.
이 과에서는 많은 문법사항이 나오므로
힘들지도 모릅니다.
하지만 포기할 순 없지요?
Желаю вам удачи.

*Будущее начинается сегодня.
 (미래는 오늘 시작된다.)

※ 주제별 단어연습

(數) Число : один два три четыре пять
1 2 3 4 5

шесть семь восемь девять
6 7 8 9

десять одиннадцать двенадцать
10 11 12

тринадцать четырнадцать
13 14

пятнадцать шестнадцать
15 16

семнадцать восемнадцать
17 18

девятнадцать двадцать
19 20

тридцать сорок пятьдесят
30 40 50

шестьдесят семьдесят
60 70

восемьдесят девяносто сто
80 90 100

двести триста четыреста
200 300 400

пятьсот шестьсот семьсот
500 600 700

восемьсот девятьсот тысяча
800 900 1000

러시아 어 펜맨십 강좌

День : воскресéнье понедéльник
(요일):주일 월요일

втóрник средá четвéрг
화요일 수요일 목요일

пя́тница суббóта
금요일 토요일

Мéсяц : янвáрь феврáль март
(달):1월 2월 3월

апрéль май июнь июль
4월 5월 6월 7월

áвгуст сентя́брь октя́брь
8월 9월 10월

ноя́брь декáбрь
11월 12월

Сезóн : веснá лéто óсень зимá
(계절):봄 여름 가을 겨울

Странá : Австрáлия Áвстрия
(국가)/ : 호주/오스트리아

Великобритáния Аргентíна
영국/아르헨티나

Афганистáн Áфрика
아프가니스탄/아프리카

러시아 어 펜맨십 강좌

Болга́рия *Боли́вия* *Ве́нгрия*
불가리아/볼리비아/헝가리

Вьетна́м *Герма́ния* *Голла́ндия*
베트남/독일/네덜란드

Гре́ция *Индия* *Испа́ния*
그리스/인도/스페인

Ита́лия *Коре́а* *Куве́йт*
이태리/한국/쿠웨이트

Ли́вия *Мала́йзия* *США*
리비아/말레이지아/미국

Таила́нд *Финля́ндия* *Фра́нция*
태국/핀란드/프랑스

Швейца́рия *Шве́ция* *Шотла́нд-*
스위스/스웨덴/스코틀랜드

-ия Югосла́вия Япо́ния
유고슬라비아/일본

☞ 스위스와 스웨덴은 자모가 비슷해서 학생들이 많이 혼동한다.
두 단어를 확실히 암기하자.

Го́род : *Сеул* *Москва́* *Санкт-Петер-*
(도시): 서울 모스끄바 상뜨-뻬쩨르부르그

-бург *Новосиби́рск* *Оренбу́рг*
노보시비르스끄 오렌부르그

Курск *Смоле́нск* *Му́рманск*
꾸르스끄 스몰렌스끄 무르만스끄

Калинингра́д *Ке́мерово*
깔리닌그라드 께메로보

Сара́тов *Тюме́нь*
사라또프 쮸멘

러시아 어 펜맨십 강좌

Ханты-Мансийск *Новгород*
한띄-만시스끄 　　　　　　　　　　노브고로드

Магадан *Тамбов* *Тула*
마가단　　　땀보프　　뚤라

Челябинск *Хабаровск*
첼랴빈스끄　　　　하바로프스끄

Владивосток *Красноярск*
블라디보스톡　　　　끄라스노야르스끄

Астрахань *Белгород* *Брянск*
아스뜨라한　　벨고로드　　　브랸스끄

Липецк
리뻬쯔끄

☞러시아의 TV,신문에 자주 등장하는 도시,지방들이니 암기해두는 것도 유용할 것이다.

러시아 어 펜맨십 강좌

※ 단어형태변화연습

знать : Я зна́ю
  알다   나는 안다

Ты зна́ешь
  너는 안다

Он зна́ет
  그는 안다

Она́ зна́ет
  그녀는 안다

Мы зна́ем
  우리는 안다

Вы зна́ете
  당신(들)은 압니다

Они́ зна́ют
  그들은 안다

говори́ть : Я говорю́
  말하다   나는 말한다

Ты говори́шь
  너는 말한다

Он говори́т
  그는 말한다

Она́ говори́т
  그녀는 말한다

Мы говори́м
  우리는 말한다

Вы говори́те
  당신(들)은 말합니다

러시아 어 펜맨십 강좌

Они говорят
그들은 말한다

понимáть — 이해하다

Я понимáю — 나는 이해한다
Ты понимáешь — 너는 이해한다
Он понимáет — 그는 이해한다
Онá понимáет — 그녀는 이해한다
Мы понимáем — 우리들은 이해한다
Вы понимáете — 당신(들)은 이해합니다
Они понимáют — 그들은 이해한다

читáть — 읽다

Я читáю — 나는 읽는다
Ты читáешь — 너는 읽는다
Он читáет — 그는 읽는다
Онá читáет — 그녀는 읽는다
Мы читáем — 우리들은 읽는다

러시아 어 펜맨십 강좌

Вы читáете
당신(들)은 읽습니다.
Они читáют
그들은 읽는다.

видеть　Я вижу
　　　　　　나는 본다
　　　　Ты видишь
　　　　　　너는 본다
　　　　Он видит
　　　　　　그는 본다
　　　　Она видит
　　　　　　그녀는 본다
　　　　Мы видим
　　　　　　우리는 본다
　　　　Вы видите
　　　　　　당신(들)은 본다
　　　　Они видят
　　　　　　그들은 본다

слушать　Я слушаю
　　　　　　나는 듣는다
　　　　Ты слушаешь
　　　　　　너는 듣는다
　　　　Он слушает
　　　　　　그는 듣는다

러시아 어 펜맨십 강좌

Она слушает
그녀는 듣는다

Мы слушаем
우리는 듣는다

Вы слушаете
당신(들)은 듣는다

Они слушают
그들은 듣는다

жить
살다

Я живу
나는 살고 있다

Ты живёшь
너는 살고 있다

Он живёт
그는 살고 있다

Она живёт
그녀는 살고 있다

Мы живём
우리는 살고 있다

Вы живёте
당신(들)은 살고 있다.

Они живут
그들은 살고 있다.

идти
가다 (도보로)

Я иду
나는 간다

러시아 어 펜맨십 강좌

Ты идёшь
　　　　　너는 간다

Он идёт
　　　　그는 간다

Она идёт
　　　　그녀는 간다

Мы идём
　　　　우리들은 간다

Вы идёте
　　　　당신(들)은 간다

Они идут
　　　　그들은 간다.

　　　　　　(일정한 방향으로)

éхать
가다
(차마를 타고)

Я éду
　　　　나는 간다

Ты éдешь
　　　　너는 간다

Он éдет
　　　　그는 간다

Она éдет
　　　　그녀는 간다

Мы éдем
　　　　우리들은 간다

Вы éдете
　　　　당신(들)은 간다

Они éдут
　　　　그들은 간다

러시아 어 펜맨십 강좌

ходи́ть 도보로

Я хожу́
Ты хо́дишь
Он хо́дит
Она́ хо́дит
Мы хо́дим
Вы хо́дите
Они́ хо́дят

간다(일정치 않은 방향으로 가다, 왔다갔다하다)

е́здить 차마로

Я е́зжу
Ты е́здишь
Он е́здит
Она́ е́здит
Мы е́здим
Вы е́здите

러시아 어 펜맨십 강좌

Они е́здят

бежа́ть Я бегу́
뛰다 Ты бежи́шь
Он бежи́т
Она́ бежи́т
Мы бежи́м
Вы бежи́те
Они бегу́т

(일정한 방향으로)

лете́ть Я лечу́
날다 Ты лети́шь
Он лети́т
Она́ лети́т

러시아 어 펜맨십 강좌

Мы летим

Вы летите

Они летят

бе́гать
뛰다

Я бе́гаю

Ты бе́гаешь

Он бе́гает

Она́ бе́гает

Мы бе́гаем

Вы бе́гаете

Они́ бе́гают

(일정치 않은 방향으로)

лета́ть
날다

Я лета́ю

Ты лета́ешь

러시아 어 펜맨십 강좌

Он летáет

Онá летáет

Мы летáем

Вы летáете

Они летáют

плыть
헤엄치다
(일정한 방향으로)

Я плывý

Ты плывёшь

Он плывёт

Онá плывёт

Мы плывём

Вы плывёте

Они плывýт

러시아 어 펜맨십 강좌

*명사 변화 (남성)

주격(主格)	생격(生格)	여격(與格)	대격(對格)	조격(造格)	전치격(前置格)
учебник (교과서)	учебника	учебнику	учебник	учебником	учебнике
учебники	учебников	учебникам	учебники	учебниками	учебниках
завод (공장)	завода	заводу	завод	заводом	заводе
заводы	заводов	заводам	заводы	заводами	заводах
город (도시)	города	городу	город	городом	городе
городá	городóв	городáм	городá	городáми	городáх
глаз (눈)	глаза	глазу	глаз	глазом	глазе

러시아 어 펜맨십 강좌

*명사 변화 (남성)

주격(主格)	생격(生格)	여격(與格)	대격(對格)	조격(造格)	전치격(前置格)
глазá	глаз	глазáм	глазá	глазáми	глазáх

∴ 복수생격형이 특수하다

стул (의자)	стýла	стýлу	стул	стýлом	стýле
стýлья	стýльев	стýльям	стýлья	стýльями	стýльях
сын (아들)	сýна	сýну	сýна	сýном	сýны
сыновья́	сынове́й	сыновья́м	сыновья́	сыновья́ми	сыновья́х
словáрь (사전)	словаря́	словарю́	словáрь	словарём	словаре́
словари́	словаре́й	словаря́м	словари́	словаря́ми	словаря́х

91

*명사 변화 (남성)

주격(主格)	생격(生格)	여격(與格)	대격(對格)	조격(造格)	전치격(前置格)
друг (친구)	друга	другу	друга	другом	друге
друзья́	друзе́й	друзья́м	друзе́й	друзья́ми	друзья́х

(중성)

край (지방, 끝)	края	краю	край	краем	крае
края́	краёв	края́	края́	края́ми	края́х
о́зеро (호수)	о́зера	о́зеру	о́зеро	о́зером	о́зере
озёра	озёр	озёрам	озёра	озёрами	озёрах
де́рево (나무)	де́рева	де́реву	де́рево	де́ревом	де́реве

*명사 변화(중성)

주격(主格)	생격(生格)	여격(與格)	대격(對格)	조격(造格)	전치격(前置格)
дере́вья	дере́вьев	дере́вьям	дере́вья	дере́вьями	дере́вьях
мо́ре (바다)	мо́ря	мо́рю	мо́ре	мо́рем	мо́ре
моря́	море́й	моря́м	моря́	моря́ми	моря́х
у́хо (귀)	у́ха	у́ху	у́хо	у́хом	у́хе
у́ши	уше́й	уша́м	у́ши	уша́ми	уша́х
и́мя (이름)	и́мени	и́мени	и́мя	и́менем	и́мени
имена́	имён	имена́м	имена́	имена́ми	имена́х

*명사 변화 (여성)

주격(主格)	생격(生格)	여격(與格)	대격(對格)	조격(造格)	전치격(前置格)
жена́ (아내)	жены́	жене́	жену́	жено́й	жене́
жёны	жён	жёнам	жён	жёнами	жёнах
кни́га (책)	кни́ги	кни́ге	кни́гу	кни́гой	кни́ге
кни́ги	книг	кни́гам	книг	кни́гами	кни́гах
у́лица (거리)	у́лицы	у́лице	у́лицу	у́лицей	у́лице
у́лицы	у́лиц	у́лицам	у́лицы	у́лицами	у́лицах
тетра́дь (공책)	тетра́ди	тетра́ди	тетра́дь	тетра́дью	тетра́ди

* 명사변화(여성)

주격(主格)	생격(生格)	여격(與格)	대격(對格)	조격(造格)	전치격(前置格)
тетра́ди	тетра́дей	тетра́дам	тетра́ди	тетра́дами	тетра́дях
мать (어머니)	ма́тери	ма́тери	мать	ма́терью	ма́тери
ма́тери	матере́й	матера́м	матере́й	матера́ми	матера́х
дочь (딸)	до́чери	до́чери	дочь	до́черью	до́чери
до́чери	дочере́й	дочера́м	дочере́й	дочерьми́	дочера́х
земля́ (땅,흙)	земли́	земле́	зе́млю	землёй	земле́
зе́мли	земе́ль	зе́млям	зе́мли	зе́млями	зе́млях

* 형용사 변화

주격(主格)	생격(生格)	여격(與格)	대격(對格)	조격(造格)	전치격(前置格)
но́вый (새로운)	но́вого	но́вому	(но́вый / но́вого)	но́вым	но́вом
но́вое	но́вого	но́вому	но́вое	но́вым	но́вом
но́вая	но́вой	но́вой	но́вую	но́вой	но́вой
но́вые	но́вых	но́вым	(но́вые / но́вых)	но́выми	но́вых
си́ний (푸른)	си́него	си́нему	(си́ний / си́него)	си́ним	си́нем
си́нее	си́него	си́нему	си́нее	си́ним	си́нем
си́няя	си́ней	си́ней	си́нюю	си́ней	си́ней
си́ние	си́них	си́ним	(си́ние / си́них)	си́ними	си́них

*형용사 변화

주격(主格)	생격(生格)	여격(與格)	대격(對格)	조격(造格)	전치격(前置格)
хоро́ший (좋은)	хоро́шего	хоро́шему	хоро́ший / хоро́шего	хоро́шим	хоро́шем
хоро́шее	хоро́шего	хоро́шему	хоро́шее	хоро́шим	хоро́шем
хоро́шая	хоро́шей	хоро́шей	хоро́шую	хоро́шею	хоро́шею
хоро́шие	хоро́ших	хоро́шим	хоро́шие / хоро́ших	хоро́шими	хоро́ших

после́дний (마지막, 최후의)	после́днего	после́днему	после́дний / после́днего	после́дним	после́днем
после́днее	после́днего	после́днему	после́днее	после́дним	после́днем
после́дняя	после́дней	после́дней	после́днюю	после́дней	после́дней
после́дние	после́дних	после́дним	после́дние / после́дних	после́дними	после́дних

* 형용사 변화

주격(主格)	생격(生格)	여격(與格)	대격(對格)	조격(造格)	전치격(前置格)
сухо́й (건조한, 마른)	сухо́го	сухо́му	сухо́й / сухо́го	сухи́м	сухо́м
сухо́е	сухо́го	сухо́му	сухо́е	сухи́м	сухо́м
суха́я	сухо́й	сухо́й	суху́ю	сухо́й	сухо́й
сухи́е	сухи́х	сухи́м	сухи́е / сухи́х	сухи́ми	сухи́х

98

* 대명사 변화

주격(主格)	생격(生格)	여격(與格)	대격(對格)	조격(造格)	전치격(前置格)
я (나)	меня́	мне	меня́	мной	мне
мы (우리)	нас	нам	нас	нами	нас
ты (너)	тебя́	тебе́	тебя́	тобо́й	тебе́
вы (당신(들))	вас	вам	вас	ва́ми	вас
он (그)	его́	ему́	его	им	нём
оно́ (그것)	его́	ему́	его́	им	нём
она́ (그녀)	её	ей	её	ей	ней
они́ (그들)	их	им	их	и́ми	них
э́тот 이~(+남성명사)	э́того	э́тому	э́тот / э́того	э́тим	э́том
э́то 이~(+중성명사)	э́того	э́тому	э́то	э́тим	э́том
э́та 이~(+여성명사)	э́той	э́той	э́ту	э́той	э́той
э́ти 이~(+복수명사)	э́тих	э́тим	э́ти / э́тих	э́тими	э́тих
тот 저~(+남성명사)	того́	тому́	того́ / тот	тем	том
то 저~(+중성명사)	того́	тому́	то	тем	том

*대명사 변화

주격(主格)	생격(生格)	여격(與格)	대격(對格)	조격(造格)	전치격(前置格)
та 저~(+여성명사)	той	той	ту	той	той
те 저~(+복수명사)	тех	тем	те / тех	теми	тех
мой 나의~(+남성명사)	моего́	моему́	моего́ / мой	мои́м	моём
моё 나의~(+중성명사)	моего́	моему́	моё	мои́м	моём
моя́ 나의~(+여성명사)	мое́й	мое́й	мою́	мое́й	мое́й
мои́ 나의~(+복수명사)	мои́х	мои́м	мои́ / мои́х	мои́ми	мои́х
наш 우리들의~(+남성명사)	на́шего	на́шему	на́шего / наш	на́шим	на́шем
на́ше 우리들의~(+중성명사)	на́шего	на́шему	на́ше	на́шим	на́шем
на́ша 우리들의~(+여성명사)	на́шей	на́шей	на́шу	на́шей	на́шей
на́ши 우리들의~(+복수명사)	на́ших	на́шим	на́ши / на́ших	на́шими	на́ших
кто 누구(사람)	кого́	кому́	кого́	кем	ком
что 무엇(사물)	чего́	чему́	что	чем	чём

*동사 변화

인칭	원형(инфинитив)	현재(настоящее время)	과거(прошедшее время)	명령형(повелительное наклонение)
1	délать 하다	délaю délaем délaешь délaете délaет délaют	délaл délaла délaли	délaй
2				
3				
1				
2				
3				
1				
2				
3				
1	читáть 읽다	читáю читáем читáешь читáете читáет читáют	читáл читáла читáли	читáй
2				
3				
1				
2				
3				
1				
2				
3				
1	говори́ть 말하다	говорю́ говори́м говори́шь говори́те говори́т говоря́т	говори́л говори́ла говори́ли	говори́
2				
3				
1				
2				
3				
1				
2				
3				

*동사 변화

인칭	원형(инфинитив)	현재(настоящее время)		과거(прошедшее время)	명령형(повелительное наклонение)
1	идти́	иду́	идём	шёл	иди́
2	가다	идёшь	идёте	шла	
3		идёт	иду́т	шли	
1					
2					
3					
1					
2					
3					
1	ждать	жду	ждём	ждал	жди
2	기다리다	ждёшь	ждёте	ждала́	
3		ждёт	ждут	жда́ли	
1					
2					
3					
1	помо́чь	помогу́	помо́жем	помо́г	помоги́
2	돕다	помо́жешь	помо́жете	помогла́	
3		помо́жет	помо́гут	помогли́	
1					
2					
3					
1					
2					
3					

*동사 변화

인칭	원형(инфинитив)	현재(настоящее время)	과거(прошедшее время)	명령형(повелительное наклонение)
1	сидеть 앉다	сижу сидим сидишь сидите сидит сидят	сидел сидела сидели	сиди
2				
3				
1				
2				
3				
1				
2				
3				
1	спать 자다	сплю спим спишь спите спит спят	спал спала́ спа́ли	спи
2				
3				
1				
2				
3				
1	писать 쓰다	пишу пишем пишешь пишете пишет пишут	писа́л писа́ла писа́ли	пиши
2				
3				
1				
2				
3				
1				
2				
3				

*동사 변화

인칭	원형(инфинитив)	현재(настоящее время)	과거(прошедшее время)	명령형(повелительное наклонение)
1	плыть	плыву́ плывём	плыл	плыви́
2	헤엄치다	плывёшь плывёте	плыла́	
3		плывёт плыву́т	плы́ли	
1				
2				
3				
1				
2				
3				
1	хоте́ть	хочу́ хоти́м	хоте́л	хоти́
2	원하다	хо́чешь хоти́те	хоте́ла	
3		хо́чет хотя́т	хоте́ли	
1				
2				
3				
1				
2				
3				
1	люби́ть	люблю́ лю́бим	люби́л	люби́
2	사랑하다	лю́бишь лю́бите	люби́ла	
3		лю́бит лю́бят	люби́ли	
1				
2				
3				
1				
2				
3				

*동사 변화

인칭	원형(инфинитив)	현재(настоящее время)		과거(прошедшее время)	명령형(повелительное наклонение)
1	стать	стáну	стáнем	стал	
2	되다	стáнешь	стáнете	стáла	стань
3		стáнет	стáнут	стáли	
1					
2					
3					
1					
2					
3					
1	жить	живу́	живём	жил	
2	살다	живёшь	живёте	жила́	живи́
3		живёт	живу́т	жили	
1					
2					
3					
1	пить	пью	пьём	пил	
2	마시다	пьёшь	пьёте	пила́	пей
3		пьёт	пьют	пили	
1					
2					
3					

(∴ Живи и помни! (살아라, 기억하라!))

*동사 변화

인칭	원형(инфинитив)	현재(настоящее время)		과거(прошедшее время)	명령형(повелительное наклонение)
1	петь 노래부르다	пою	поём	пел	пой
2		поёшь	поёте	пела	
3		поёт	поют	пéли	
1					
2					
3					
1					
2					
3					
1	давáть 주다	даю́	даём	давáл	давáй
2		даёшь	даёте	давáла	
3		даёт	даю́т	давáли	
1					
2					
3					
1					
2					
3					
1	взять 쥐다(갖다)	возьму́	возьмём	взял	возьми́
2		возьмёшь	возьмёте	взялá	
3		возьмёт	возьму́т	взя́ли	
1					
2					
3					
1					
2					
3					

4

Часть 3
(기본연습-3)

1. 러시아 어 문장의 기본성분
2. 러시아 어 구두법(句讀法)
3. 단문연습(유형별)-2

Продолжаем изучить!
이 과에서는 문장 구성의 기본원리와
구두법을 알아 봅니다.
또한 복잡한 문장구성의 토대가 되는
단문을 유형별로 익혀봅니다.
이 과에 나오는 단문들을
반드시 쓰면서 암기하도록 합시다.

*Не отведав горького,
  не узнаешь сладкого.
(고생 없이 즐거움을 알리 없다.)

※문장의 구성 성분 : 주어, 술어, 보어, 한정어, 상황어

Подлежа́щее : 주어

Я бу́ду выступа́ть на семина́ре. 나는 세미나에서 (논문 등을) 발표할 예정이다

Все пришли́ во́время. 모두 정시에 도착했다

Прошло́ де́сять мину́т. 10분이 흘렀다

Сего́дня вы́шла но́вая газе́та?
오늘 새 신문이 나왔습니까?

Мы с дру́гом пойдём на като́к.
나와 내 친구는 스케이트장에 간다

※문장의 구성 성분 : 주어, 술어, 보어, 한정어, 상황어

Сказу́емое : 술어

Я учу́сь в университе́те. 나는 대학생이다

Он бу́дет учи́телем. 그는 선생님이 될 예정이다

Ты бу́дешь врачо́м. 너는 의사가 될 것이다

Кто пришёл? Пришёл врач.
누가 왔지? 의사 선생님이 오셨다

Э́та кни́га интере́сная. 이 책은 흥미롭다

※문장의 구성 성분 : 주어, 술어, 보어, 한정어, 상황어

Дополéние : 보어

Я готóвлюсь к зачёту. 나는 입시를 준비중이다.

Мне не спи́тся. 잠이 안온다

Я получи́л письмо́. 나는 편지를 받았다

나는 이 과제를 친구와 함께 했다
Я сдéлал эту рабóту вмéсте с дру́гом.

Я учу́ товáрища писáть ру́сские бу́квы.
나는 친구에게 러시아 자모 쓰는 법을 가르쳤다

※문장의 구성 성분 : 주어, 술어, 보어, 한정어, 상황어

Определе́ние : 한정어

Пу́шкин - вели́кий поэ́т. 뿌쉬낀은 위대한 시인이다

Какова́ пого́да? Пого́да хороша́.
날씨가 어떻습니까?
　　　　　　　　　　　　날씨는 좋습니다

Я был на конце́рте пе́сни.
　　　　　　　　　　나는 노래 연주회에 갔다

Все собра́лись в ко́мнате бра́та.
　　　　　　　　　　모두 동생(형)의 방에 모였다

Во́лга длинне́е До́на. 볼가 江은 돈 江보다 길다

※문장의 구성 성분 : 주어, 술어, 보어, 한정어, 상황어

Обстоятельства : 상황어

В городе пробило полночь.
도시에 자정이 찾아왔다

Брат приехал вчера. 동생(형)이 어제 도착했다

— Где вы были вчера вечером?
"어제 저녁에 어디 가셨습니까?"

"어제 클럽 만찬에 갔습니다."
— Вчера в клубе был вечер.

Мы все были на вечере. 우리들은 모두 만찬에 갔다.

※러시아 어에서의 句讀法

러시아 어에서의 구두법은 영어와 동일하다. 단 러시아 어에서는 두 문장이 연결되는 복문의 경우, 새로운 문장이 시작하기 직전에 항상 쉼표(,)를 찍어 두 문장 사이를 구분해 주어야 한다. 또한 세미콜론(:). 콜론(;) 등도 주문과 종문 사이에 사용되어 두 문장을 연결해주는 역할을 한다. 횡선(-)의 역할은 두가지이다. 첫째, 대화체에서 따옴표("")의 구실을 하며, 둘째, 주어와 보어 사이에 사용되어 술어의 역할을 한다.

Я не знаю, кто это. Я не знаю, как его зовут.

Это Николай Иванович, а это Нина Петровна.

Он инженер, а она врач.

Я читаю, а он отдыхает.

В субботу я встретил мальчика на улице

—Ты живёшь на пятом этаже?

—Да.

—Это ты играешь каждый вечер?

—Да, я.

—Ты очень любишь музыку?

—Да,— тихо сказал мальчик.— Нет, не я, бабушка.

문제) 다음 각 문장에 알맞은 문장부호(.)(,)(?)를 써넣으시오.

Я студент_ а он аспирант_
Я студент_ и он студент_

Мне 20 лет_ а ему 25 лет_
Мне 20 лет_ и ему 20 лет_

Все ушли_ а я остался дома_
Все ушли_ и я ушёл_

Вчера погода была хорошая_ и мы гуляли_
Вчера погода была хорошая_ но мы не гуляли_

문제) 다음 각 문장에 알맞은 문장부호(.)(,)(?)를 써넣으시오.

Стра́нно_что он не присла́л ни одного́ письма́_

Я зна́ю_что за́втра бу́дет собра́ние_

Я слы́шал_что бу́дет собра́ние_

Мне нра́вится_что он всегда́ выполня́ет свои́ обеща́ния_

Я хочу́_что́бы вы меня́ пра́вильно поня́ли_

Ну́жно_что́бы все уча́ствовали в э́той рабо́те_

문제) 다음 각 문장에 알맞은 문장부호(.)(,)(?)를 써넣으시오.

Я видел_как он вошёл в вестибюль и пошёл по лестнице_

Я не знаю_будет ли у меня свободное время_

Интересно_будет ли завтра дождь_

Сегодня ко мне придёт друг_которого я давно не видел.

Сегодня ко мне придёт друг_о котором я тебе рассказывал.

Сегодня ко мне придёт друг_с которым я вместе учился в школе.

문제) 다음 각 문장에 알맞은 문장부호(.)(,)(?)를 써넣으시오.

Луна́ свети́ла о́чень си́льно, одна́ко её свет с трудо́м пробива́л тума́н.

Я принёс то, что ты проси́л.

Кто ве́сел, тот смеётся.

Ста́ло я́сно, что мы заблу́димся.

Я ду́маю, что все студе́нты на́шей гру́ппы хорошо́ сдаду́т экза́мены.

※다음 단문들을 읽고 쓰시오.

Вы не можете позвонить.
[븨 니 모줴쩨 빠즈바닛] 전화 해주실수 없겠습니까?

Не разговаривать! Тихо! Тишна!
　　　　[니 라즈가바리밧]　　[찌허]　[찌쉬나] 정숙

С удовольствием. С радостью. Охотно.
　[수다볼스뜨비엠]　　　　[즈라도스찌유]　[아호뜨노] 기꺼이

Я не возражаю. Я не против. Я готов.
[야 니 바즈라좌유] 괜찮습니다　[야 니 쁘라찌프] 괜찮습니다

Я не прочь! Я за!
[야 니 쁘로취] 괜찮습니다　　[야 자] 찬성합니다

Согласен. Да. Конечно. [까네쉬노] 물론입니다
[사글라센] 동의합니다. [다] 그래요

※다음 단문들을 읽고 쓰시오.

　　　[야 쁘라슈 바즈 즈젤랏 에또] 선생님이 이 일을 해주셨으면 합니다.
Я прошу́ вас сде́лать э́то.

　　　[야 쁘리들라가유 밤 빠즈바닛] 전화해주십시오
Я предлага́ю вам позвони́ть.

Сде́лайте... Напиши́те... Принеси́те...
　　　[즈젤라이쩨...나삐쉬쩨...쁘리니시쩨] 해주십시오...적으십시오...가져오십시오

Дава́йте споём. Дава́йте петь.
[다바이쩨 스빠욤] 노래 부릅시다　[다바이쩨 **뼷**] 노래 부릅시다

Да́йте мне прочита́ть э́ту кни́гу.
[다바이쩨 므녜 쁘라취땃 에뚜 끄니구] 책좀 읽게 해주세요

Пусть он придёт за́втра.
　　　[뿌스찌 온 쁘리죳 자프뜨라] 그더러 내일 오라구 해

※다음 단문들을 읽고 쓰시오.

[바유스, 쉬또 야 우따밀 바스] 실례가 안됐는지 모르겠습니다
Боюсь, что я утомил вас.

[다 쉬또 븨] 그래, 무슨 일이십니까?
Ну что вы! Да что вы!
[누 쉬또 븨] 그래, 무슨 일이십니까?

[까까야 멜로취] 별일 아니구나!
Какие пустяки! Какая мелочь!
[까끼예 뿌스찌끼] 아무 일도 아니다.(문제없다)

Я неважно себя чувствую. 기분이 별로 좋지않다
[야 니바쥐노 시뱌 춥스뜨부유]

Я так плохо себя чувствую! 기분이 나쁘다
[야 딱 쁠로허 시뱌 춥스뜨부유]

Я заболел. Я устал. Я болен.
[야 자발렐] 병이 났다 [야 우스딸] 지쳤다 [야 볼렌] 아프다

※다음 단문들을 읽고 쓰시오.

Я не могу помочь. [야 니 마구 빠모취] 도와드릴 수 없습니다

Я должен отказаться от вашего предложения. [야 돌줸 앗까잣쨔 앗 바쉐보 쁘레들라쉐니야] 당신의 제의를 거절합니다

Прошу прощения. [쁘라슈 쁘라쉐니야] 부탁좀 하겠습니다

Не сердитесь на меня. 화내지 말아주십시오
[니 시르지쩨시 나 미냐]

Я виноват перед вами. [야 비나밧 뻬렛 바미] 용서하십시오

Я причинил столько забот.
[야 쁘리취닐 스똘꼬 자봇] 제가 상당히 심려를 끼쳤드렸군요

※다음 단문들을 읽고 쓰시오.
　　　[미냐 즈나빗] 오한이 난다. [미냐 리하라짓] 오한이 난다

Меня́ зноби́т. Меня́ лихора́дит.

　　　　　　[미냐 비룟 다사더]　　　　[미냐 비룟 즐로] 화가 난다
Меня́ берёт доса́да. Меня́ берёт зло.
　　　　　　　　　　　짜증난다

　　　　[야 니 즈나유, 쉬또 젤랏(쁘릿쁘리낫)] 뭐를 해야 할지 모르겠다
Я не зна́ю, что де́лать (предприня́ть).

Я не зна́ю, как поступи́ть.
　　　[야 니 즈나유,　　　깍 빠스뚜삣] 어찌 해야할바를 모르겠다.
Я не зна́ю, как вы́йти из э́того положе́ния.
　　　[야 니 즈나유, 깍 븨이찌　이제또버 빨라줴니야]
　　　'이제또버'로 발음해 준다) 이 곤경을 어떻게 벗어나야 할지 모르겠다

Всё бу́дет хорошо́.
　　　　　[프쇼 부젯 하라쇼] 다 잘될 겁니다.
Всё быва́ет. [프쇼 븨바엣] 그럴 수 있죠.(상대방의 실수를 눈감아줄 때)

124

※다음 단문들을 읽고 쓰시오.

[야 니 브나스뜨라예니이]　　　[야 니 브두헤] ~할 기분이 내키지 않는다

Я не в настроении. Я не в духе.

　　　　　　　　　　　　[므녜 스끄베르노] 꺼림직하다

Мне плохо. Мне скверно. Мне больно.
　　[므녜 쁠로허] 기분이 나쁘다　[므녜 볼노] 몸이 아프다. 고통스럽다.
Мне холодно. Мне жарко.　　　　　　　　　　유감스럽다
　[므녜 홀로드너] 춥다　　　　[므녜 좌르꺼] 덥다

　　　　　　　　　　　머리가, 목이, 귀가,　　이가 아프다
У меня болит голова (горло, ухо, зуб).
[우 미냐 발릿 갈라바(고를러, 우허, 줍)]

У меня кружится голова.
　　　　　　　　[우 미냐 끄루쥣쨔 갈라바] 현기증이 난다
　стреляет в ухе. [우 미냐 스뜨릴랴잇 부헤]
　　　　　　　　　　귀에서 쏘는 소리가 들린다
ноет зуб.

(재귀동사의
어미 -ться는
함께 붙여서 '쌰'와
'쨔'의 중간음으로
발음한다)

5

Часть 4
(종합연습)

1. 러시아 어 숙어 연습
2. 대화 연습
3. 러시아 어 편지 쓰기

Может быть, вы устали.
Но мы должны покончить нашу задачу
수고하셨습니다.
이 과는 마지막 과 입니다.
이 과에서는 러시아 어의 구사수준을
좀 더 심화시키기 위해
러시어 어 숙어와 대화,
그리고 편지쓰기를 배워봅니다.
숙어와 기본적인 대화 유형은
암기하는 것이 좋습니다.
또한 편지쓰기를 통해 지금까지
익혔던 여러분의 필기체 솜씨를
마음껏 발휘해 보십시오.

*Всё хорошо, что хорошо кончается.
  (끝이 좋아야 모든 것이 좋다.)

※ 러시아 어 숙어.

как раз (때마침)

как жаль (유감이다(참 안됐다))

в добрый путь (좋은 여행이 되시길!)

за последнее время (최근에)

так как... (~ 때문에)

со всех концов (사방팔방에서)

※러시아 어 숙어.

приезжа́ть в го́сти (손님으로 오다)

дать конце́рт (연주회를 열다)

про себя́ (마음 속으로)

де́лать успе́хи (진척을 보이다)

с тех пор (그때부터)

друг дру́га (서로 서로)

※러시아 어 숙어.

более или менее (다소간에)

в том числе (그 속에는, 그것에 포함하여)

в соотве́тствии с чем (~에 따라)

не то́лько, но и ~ (~뿐 아니라, ~도 = not only A but also B)

и так да́лее (그 밖에, 등등)

игра́ть на роя́ле (피아노를 치다)
　　　　скри́пке (바이올린을 켜다)

※러시아 어 숙어.

иметь место (일어나다)
(происходить)

по словам + кого́ (~의 말에 따르면)

на основе чего́ (~에 근거하여)

с учётом чего́ (~을 고려하여)

в отличие от чего́ (~와 달리, 구별되게)

тем не менее (그럼에도 불구하고)

※러시아 어 숙어.

по доро́ге (도중에서)

в пе́рвый раз (처음으로)

ка́ждые две неде́ли (2주일마다 (격주간으로))

тот или друго́й (누구든지)

на вся́кий слу́чай (만일의 경우를 대비하여)

во вся́ком слу́чае (여하튼)

※러시아 어 숙어.

несколько дней назад (며칠 전에)

минута в минуту (시간이 딱 맞다)

к тому же (더욱이(게다가))

в самом деле (정말로)
(= действительно)

тем более (더구나)

а то (그렇지 않으면)

※러시아 어 숙어.

в своём роде (저마다)

обратить внимание (~에게 주의를 돌리다)

благодаря + чему (~덕분에(좋은일))

из - за + чего (~때문에(나쁜일))

владеть собой (자제 하다)

ну поехали (자, 출발하자!)

※ 러시아 어 숙어.

оказа́ть влия́ние на что (~에 영향을 미치다)

несмотря́ на + что (~에도 불구하고)

судя́ по + чему́ (~에 따라 판단해 볼 때)

спустя́ + что (~의 후에)

в связи́ с + чем (~와 관련하여)

по мне́нию (~의 견해로는)

※러시아 어 숙어.

Что такое... ? (~은 무엇인가?)

со всех сторон (사방으로부터)

принять участие (참가하다)

выйти замуж (시집가다)

таким образом (이렇게, 이런 방식으로)

привлекать внимание (주의를 끌다)

※ 다음 대화를 읽고 따라 쓰시오.

— Мальчик, ты новенький? Как тебя зовут?
— Меня зовут Федя.
— А фамилия?
— Скворцов.

— Я хочу пригласить вас ко мне в гости сегодня.
— Спасибо. Я с удовольствием к вам приду.

※다음 대화를 읽고 따라 쓰시오.

—Будьте добры, скажите, пожалуйста, который час?
—Пожалуйста, без двадцати одиннадцать.

—Простите...
—Пожалуйста!
—Где здесь универмаг "Москва"?
—Да вон, напротив!

※ 다음 대화를 읽고 따라 쓰시오.

—Здравствуйте, Сергей Денисович!
—Добрый день, дорогая Наташа!

—Здравствуйте, я не помешал?
—Здравствуйте. Хорошо, что застал меня. Через пять минут я бы уже ушёл.
—Я тебя не задерживаю? Можно к тебе?
—Конечно, можно.

※ 다음 대화를 읽고 따라 쓰시오.

—Алло! Попросите, пожалуйста, Андрея!
—Андрея нет дома. Может быть, ему что-нибудь передать?
—Нет, спасибо. А когда он будет?
—Сказал, что придёт в 6 часов.
—Если можно, я позвоню ему ещё раз.
—Пожалуйста, звоните.

※다음 대화를 읽고 따라 쓰시오.

— Здравствуй, Боря. Наконец-то! Что же ты опаздываешь?
— Привет, Машенька. Не сердись. Я всю дорогу бежал.

※다음 대화를 읽고 따라 쓰시오.

Здравствуй, Рита!
Привет, Маечка! Что нового? Как жизнь?
Особенно нового ничего, а жизнь идёт неплохо.
А как твои дела?
А у меня — новости: уезжаю скоро на три недели в Киев.

※다음 대화를 읽고 따라 쓰시오.

— Здравствуйте, Максим. Я рада, что вы пришли.
— Добрый вечер, Вера. Я не заставил вас ждать?
— Нет, вы очень точны.

※ 다음 편지글을 읽고 따라 쓰시오.

Дорогая Зина

Я теперь живу на новой квартире. Телефон у нас скоро будет, а пока пишу тебе письмо. Я хочу тебя пригласить к себе на день рождения. Приезжай обязательно. Адрес написан на конверте. Мой день рож- -дения 25 августа. Я жду тебя.

Твоя Катя

러시아 어 펜맨십 강좌

※ 다음 편지글을 읽고 따라 쓰시오.

Дорогая Зина!

Большое тебе спасибо за доброе и нежное письмо. Милая Зина, ты в письме спрашив-ала меня, не нужны ли мне деньги. К сожалению, сейчас нужны и очень.

Пришли мне двести тысяч вона. Извиня-юсь за просьбу страшно. В дальнейшем, очевид-но, будет хорошо.

Если можно, пришли поскерее. Новостей пока нет никаких. Целую всех вас крепко.

Ваша Катя

문장해석

p.115
나는 이 사람이 누구인지 모른다. 나는 그의 이름이 뭔지 모른다.
이 사람은 니꼴라이 이바노비치, 이 사람은 니나 뻬뜨로브나이다.
그는 기사이고, 그녀는 의사이다.
나는 책을 읽고, 그는 쉬고 있다.

나는 토요일에 거리에서 어느 소년을 만났다.
"5층에 사니?"
"예."
"매일 저녁마다 악기를 켜는 사람이 너였니?"
"예, 저예요."
"음악을 아주 좋아하는 구나?"
"예", 소년은 나직히 대답했다, "아니요, 제가 아니라 저희 할머니요."

p.116
나는 대학생이고, 그는 대학원생이다.
나는 대학생이고, 그 역시 대학생이다.

나는 스무살이고, 그는 스물 다섯 살이다.
나는 스무살이고, 그도 스무살이다.

모두 나갔지만, 나는 집에 남았다.
모두 나가서 나도 따라 나갔다.

어제는 날씨가 좋아 우리는 산책했다.
어제는 날씨가 좋았지만 우리는 산책하지 않았다.

p.117
그가 나에게 편지 한통 한 부치다니 이상하다.

나는 내일 집회가 있다는 것을 안다.

나는 집회가 열릴것이라는 말을 들었다.

그가 항상 약속을 잘 지키는 점이 마음에 든다.

당신이 내 말뜻을 제대로 이해했으면 한다.

모두들 이 작업에 참가하는 것이 필요하다.

나는 그가 현관으로 들어가 계단을 오르는 것을 보았다.

나는 한가한 시간이 날지 잘 모르겠다.

내일 비가 올지 안올지 흥미롭다.

오랫동안 보지 못했던 친구가 오늘 내게 찾아온다.

너에게 말한 적 있는 친구가 오늘 내게 찾아온다.

같이 학교를 다녔던 친구가 오늘 내게 찾아온다.

p.119
달빛은 강했지만, 안개를 뚫기는 어려웠다.

네가 부탁했던 것을 가져왔다.

미소짓는 사람은 행복하다.

우리가 길을 잃었음이 분명하다.

나는 학생들 전원이 시험에 합격할 거라고 생각한다.

p.142
"안녕, 막심. 찾아와줘서 기쁘군요."
"좋은 저녁이군요, 베라. 기다리지는 않았나요?"
"아니에요. 정시에 왔어요."

p.143
"꼬마야, 너 신입생이니? 이름이 뭐지?"
"페쟈라고 해요."
"姓은?"
"스끄보르쪼프요."

"오늘 당신을 손님으로 초대하고 싶습니다."
"감사합니다. 기꺼이 가겠습니다."

p.137
"실례지만, 지금 몇시쯤 됐죠?"
"음, 10시 40분(11시 20분전)이군요"

"실례합니다만…"
"말씀하세요."
"'모스크바'백화점이 이 부근 어디에 있는지요?"
"예, 저기 맞은 편에요."

P.138
"안녕하십니까, 세르게이 제니소비치 氏!"

"안녕, 나타샤!"

"안녕하십니까, 제가 실례를 끼치지 않았는지요?"
"안녕하십니까. 이렇게 찾기라도 했으니 다행입니다.
 저는 5분뒤면 떠납니다."
"당신을 붙잡고 있지나 않는건지 모르겠군요. 괜찮겠어요?"
"물론입니다. 괜찮아요."

"여보세요! 안드레이 좀 바꿔주세요."
"안드레이는 집에 없어요. 그에게 전할 말이라도 있나요?"
"아니요, 감사합니다. 그가 언제 오죠?"
"6시에 온댔어요."
"가능하다면, 다시 한번 전화하겠습니다."
"그래요. 다시 해봐요."

"안녕,보랴. 드디어 왔구나! 왜 늦었니?"
"마센까 안녕. 화내지 마, 나도 계속 뛰어왔다구."

"안녕, 리따!"
"마예치까 안녕! 뭐 새로운 소식이라도 있니? 어떻게 살고 있어?"
"특별한 건 없어. 하지만 생활은 힘들어. 네 일은 잘돼가니?"
"응, 새로운 소식이 있어. 곧 끼예프로 삼주일간 출장가게 돼."

p.143
사랑하는 지나.
지금은 새 아파트에서 살고있어.
전화는 곧 놓을거고, 하지만 당분간은 편지를 쓸게.
내 생일 때 너를 초대하고 싶어. 꼭 와줬으면 해.
주소는 겉봉투에 쓰여있어. 내 생일은 8월 25일이야.
기다릴게.

　　　　　　　　　　　너의 친구 까짜.

p.145
사랑하는 지나!
온화하고 자상한 편지를 보내주어 고맙습니다.
사랑하는 지나, 지난 편지에서 내게 돈이 필요하냐고 물었었죠.
유감스럽게도, 지금 몹시 궁합니다.
이십만원만 부쳐주십시오. 이런 부탁을 해서 몹시 죄송합니다.
앞으로는 사정이 나아질 겁니다.
가능하다면, 되도록 빨리 부쳐줬으면 합니다.
제게 아직 새로운 소식은 없습니다. 당신을 사랑합니다...

　　　　　　　　　　　당신의 까짜.

러시아어 펜맨십 강좌

초판 2쇄 발행 2020년 3월 13일
초판 2쇄 발행 2020년 3월 20일

지은이 외국어학보급회
펴낸이 서덕일
펴낸곳 도서출판 문예림

출판등록 1962.7.12 (제406-1962-1호)
주소 경기도 파주시 회동길 366 3층 (10881)
전화 (02)499-1281~2 **팩스** (02)499-1283
대표전자우편 info@moonyelim.com **통합홈페이지** www.moonyelim.com
카카오톡 ("도서출판 문예림" 검색 후 추가)

디지털노마드의 시대, 문예림은 Remote work(원격근무)를 시행하고 있습니다.
우리는 세계 곳곳에 있는 집필진과 원하는 장소와 시간에 자유롭게 일합니다.
문의 사항은 카카오톡 또는 이메일로 말씀해주시면 답변드리겠습니다.

ISBN 978-89-7482-774-8(13790)

잘못된 책이나 파본은 교환해 드립니다.
본 책은 저작권법에 의해 보호를 받는 저작물이므로 무단 전재와 복제를 금합니다.